Mirjam Pressler

Überraschung für Timmi
und andere Geburtstagsgeschichten

Zeichnungen von Maria Wissmann

Loewe

Die Deutsche Bibliothek – CIP-Einheitsaufnahme

Überraschung für Timmi und andere Geburtstagsgeschichten /
Mirjam Pressler. Zeichn. von Maria Wissmann.
– 1. Aufl. – Bindlach : Loewe, 1999
(Daddeldu)
ISBN 3-7855-3385-3

Dieses Heft ist auf chlorfrei gebleichtem Papier gedruckt.

ISBN 3-7855-3385-3 – 1. Auflage 1999
© 1999 Loewe Verlag GmbH, Bindlach
Geschichten entnommen aus: *Leselöwen-Geburtstagsgeschichten*
Umschlagzeichnung: Maria Wissmann
Reihengestaltung: Angelika Stubner

Inhalt

Überraschung für Timmi 4
Mamas Geburtstag 8
Die Puppe 14
Zwillinge 22
Das Auto 27

Überraschung für Timmi

Timmi nörgelt und weint, als er ins Bett gebracht wird. „Ich will auch Geburtstag haben", mault er. „Warum nur Beate? Ich will auch."

„Du hast im Juli Geburtstag", sagt die Mutter. „Und jetzt ist April."

Beate steht an der Tür und schaut zu, wie ihre Mutter versucht, Timmi zu beruhigen. Er kapiert es einfach nicht. Beate ist heute großzügig und mitfühlend. Ihre Gäste sind gerade weggegangen. Es ist ein schöner Tag gewesen.

Beate geht in ihr Zimmer. Im Bett fällt ihr wieder ein, wie traurig Timmi war.

Am nächsten Tag verlangt sie von ihrer Mutter eine Spende. „Für Timmis Seelenleben", sagt sie, und ihre Mutter wirft ihr einen seltsamen Blick zu.

Nach der Schule kauft Beate Gummibärchen und eine Blechtrompete. Dann geht sie nach Hause und wickelt die Sachen in buntes Geschenkpapier, bevor sie ihre Freundin Susi anruft. „Und vergiss Kalla nicht", sagt sie noch und legt auf.

Um drei Uhr kocht Beate Kakao und deckt den Tisch in Timmis Zimmer. Für fünf Personen. Auf einen Teller legt sie die beiden Päckchen. Auf Timmis neugierige Fragen antwortet sie nicht.

„So", sagt sie zu Timmi, als es klingelt. „Mach die Tür auf."

Das tut er. Beate setzt inzwischen Wampus, Timmis Teddy, auf den Ehrenplatz. Timmi kommt mit Susi herein, die ihren Teddy Kalla unter den Arm geklemmt hat. Sie setzt ihn auf den Stuhl neben Wampus. „Herzlichen Glückwunsch zum

Geburtstag", sagt Susi und schüttelt Wampus die Pfote. „Hier, ich habe dir auch was mitgebracht." Sie legt ein Päckchen neben den Teller.

Timmi schaut Susi und Beate mit großen Augen an. Dann versteht er und fängt an zu lachen. „Wampus!", schreit er. „Wampus hat auch im April Geburtstag. Ich erst im Juli." Glücklich packt er die Päckchen aus. In Susis Päckchen sind ein paar einzelne Filzschreiber. Was macht es schon, dass einige schon ausgetrocknet sind? Beate hat Wampus eine Trompete geschenkt. Aus Blech. Timmi lutscht zwei Gummibärchen ab und pappt Wampus und Kalla je eines zwischen die Lippen.

„Das war eine Schnapsidee", sagt der Vater abends, als Timmi schon im Bett liegt.

Und die Mutter sagt: „Timmis Seele geht es ganz gut, aber mir ist heute fast das Trommelfell geplatzt."

Mamas Geburtstag

Micki und Corinna haben lange überlegt, was sie ihrer Mutter zum Geburtstag schenken könnten. So lange, bis es ihnen endlich eingefallen ist. Das heißt, Micki ist es eingefallen. Sie werden einen Kuchen backen, einen wundervollen Kuchen. So schwer kann das ja nicht sein, und Micki will später sowieso Bäcker werden.

Es ist allerdings ziemlich schwer, ihre Mutter dazu zu bringen, dass sie nachmittags zu ihrer Freundin geht. „Ich sehe Ellen morgen sowieso", sagt sie.

„Na und?", sagt Micki. „Sie freut sich bestimmt, wenn du heute kommst. Nun geh schon! Wir können dich hier nicht brauchen."

Corinna holt Mamas Jacke von der Garderobe, und Micki bringt ihr die Autoschlüssel.

„Ihr stellt aber doch nichts an, oder?", fragt die Mutter zweifelnd.

Corinna macht ein unschuldiges Gesicht, und Micki hält Mama die Haustür auf. Der neue Nachbar kommt mit seinem Kind die Treppe herauf. An seinem Arm baumelt eine volle Plastiktüte. Er nickt ihnen freundlich zu. „Guten Tag", grüßt Mama. Dann geht sie endlich die Treppe hinunter.

Micki und Corinna warten, bis das Auto um die Ecke gebogen ist, dann holen sie die Kuchenzutaten aus dem Versteck unterm Bett.

Micki legt das Kochbuch aufgeschlagen auf den Küchentisch. Königskuchen haben sie ausgesucht. Das klingt feierlich und großartig.

„Zweihundertfünfzig Gramm Butter schaumig rühren", sagt Micki.

Corinna legt die Butter in die große Glasschüssel und fängt an zu rühren. Es geht nicht, die Butter klebt als Brocken am Kochlöffel fest.

„Du stellst dich blöd an", sagt Micki. „Gib her. Wieg inzwischen schon 300 Gramm Zucker ab und schlag sechs Eier auf." Er nimmt die Schüssel zwischen die Knie und fängt an zu rühren. Bei ihm klappt es aber auch nicht. Schließlich ist er so wütend, dass er mit dem Kochlöffel auf die Butter einhaut. Die wird zwar nicht schaumig, aber die Glasschüssel geht kaputt.

Da hat Corinna die rettende Idee. Sie stellen einen Topf auf den Herd und schmelzen die Butter. Richtig schaumig. Sie mischen den Zucker, die Eier, ein Päckchen Vanillezucker und ein Päckchen Backpulver hinein und rühren kräftig.

„Nimm doch den Topf vom Herd", sagt Micki, „sonst brennt der Teig noch an." Er hat inzwischen die Mandeln gehackt und kippt sie samt Zitronat und Sultaninen in den Teig. „Und jetzt alles in die Kuchenform."

Während der Stunde, die der Kuchen im Backofen braucht, spielen sie Karten. Der Kuchen verbreitet einen wunderbaren Duft. Als sie ihn herausholen, sieht er von oben bräunlich und hübsch aus. Aber er will nicht aus der Form. Micki nimmt die Form und schlägt sie umgedreht auf den Tisch. Der Kuchen fällt heraus, aber in vielen kleinen, klebrigen Stücken.

Corinna fängt an zu heulen. Micki würde am

liebsten auch heulen, vor Wut. Ratlos starren sie die Kuchenstückchen an. Weil es sowieso nicht drauf ankommt, schnappt Micki ein Stück. „Schmecken tut es gut", murmelt er.

Corinna wirft ihm einen Blick zu. Dann geht sie in den Flur und klingelt einfach gegenüber. Der neue Nachbar macht die Tür auf. Hinter ihm krabbelt das Kind.

„Uns ist was Dummes passiert", sagt Corinna.

Der neue Nachbar heißt Klaus und ist sehr geschickt. Gemeinsam bauen sie aus dem bröckligen Kuchen ein Kunstwerk, einen richtigen

Turm, und halten ihn mit Schokoladenglasur in Form. Während der ganzen Zeit krabbelt das Kind in der Küche herum. Es ist ein Mädchen und heißt Anna.

    Und am nächsten Tag bringt Klaus zur Geburtstagsfeier einen Blumenstrauß mit.

Die Puppe

Kerstin hat lange auf diesen Sonntag gewartet. Wochenlang. Die Tage haben sich gezogen wie Kaugummi, und die Wochen waren so lang wie Jahre.

„An meinem Geburtstag kommt sie doch bestimmt, nicht wahr, Oma?", hat Kerstin immer wieder gefragt.

Und ihre Oma hat immer wieder gesagt: „Ja, Kind, ich glaube bestimmt, dass sie an deinem Geburtstag kommt."

Kerstin wurde jedes Mal ganz aufgeregt, wenn sie nur daran dachte.

Das letzte Mal, als sie hiergewesen war, hatte sie Kerstin eine Puppe versprochen. „Ich komme an deinem Geburtstag und bringe dir eine wunderschöne neue Puppe mit", hatte sie gesagt. „Ganz bestimmt." Kerstin hatte auf ihrem Schoß gesessen und ihr Gesicht in ihre Haare gedrückt. Sie waren weich und rochen nach Äpfeln.

Dann war sie wieder weggefahren.

Kerstin hat gewartet und die Tage und Wochen gezählt.

Und dann kommt der Sonntag wirklich. Es ist ein warmer Tag, so sonnig, als wäre es noch Sommer.

Kerstin packt die Päckchen mit den Geschenken aus. In zwei Päckchen sind Unterhosen und Strümpfe, wie immer. Aber im dritten sind Rollschuhe. Kerstin fällt Oma begeistert um den Hals. Dabei schaut sie schnell auf die Uhr, die an der Wand hängt.

„Der erste Zug kommt erst um zehn", sagt Oma. „Wir können noch in Ruhe frühstücken."

Sie hat extra Käsekuchen gebacken, weil Kerstin den besonders gern isst.

Aber Kerstin bekommt fast keinen Bissen runter. Sie überlegt, was ihre Mutter wohl anhaben wird.

Das letzte Mal hatte sie ein knallrotes Kleid mit kurzen Ärmeln an.

„Oma", sagt Kerstin plötzlich, „Rot ist meine Lieblingsfarbe."

„Ja, Kind, und jetzt iss doch endlich", sagt Oma.

Nach einem Stück Kuchen ist Kerstin satt, und es ist erst halb zehn. Sie geht in den Garten und sammelt ein paar Nüsse, damit die Zeit schneller vergeht. Sie vergeht, es wird zehn. Dann wird es halb elf, und Kerstin weiß, dass sie nicht mit dem ersten Zug gekommen ist.

„Das hätten wir uns ja denken können", sagt sie zu Oma. „Am Sonntag will keiner so früh aufstehen."

Die Oma streichelt ihr über die Haare und fragt, ob Kerstin zum Mittagessen Pfannkuchen oder lieber Kartoffelbrei essen will. „Pfannkuchen mit Apfelmus", sagt Kerstin.

Sie geht zu ihrer Freundin Annette spielen. „Dein Geschenk kriegst du aber erst nachmittags", sagt Annette. „Und ich verrate auch nicht, was es ist."

Dann spielen beide über eine Stunde Halma, bis Kerstin auf die Uhr schaut und sagt: „Jetzt muss ich heim. Gleich kommt der nächste Zug."

Kerstin geht nach Hause. Die Oma steht in der Küche und rührt den Pfannkuchenteig. „Hol bitte ein Glas Apfelmus aus dem Keller", sagt sie.

Kerstin holt ein Glas Apfelmus. Dann stellt sie sich an das Fenster im Flur und schaut hinaus. Die Sonne brennt vom Himmel. Ihre Mutter könnte heute ihr rotes Kleid anziehen. Es ist wirklich noch warm genug.

Kerstin sieht etwas Rotes um die Ecke biegen. Aber es ist nur die Schwiegertochter von Frau Kremer. Sie hat eine rote Bluse an.

„Kerstin", ruft Oma aus der Küche. „Komm, die Pfannkuchen sind fertig."

Kerstin hat keinen Appetit. Nach einem Pfannkuchen ist sie schon satt.

„Ach, Kind", sagt Oma.

Da hat Kerstin noch weniger Appetit. Sie kann

es nicht leiden, wenn Oma in diesem Ton „Ach, Kind" sagt.

Mit dem Zug um zwei Uhr kommt sie auch nicht.

Dafür klopft um drei Annette an die Tür. Ihre Mutter ist dabei und hat Annettes kleine Schwester auf dem Arm.

Oma hat für die Kinder Limonade und Süßigkeiten gekauft. Sie fangen alle möglichen Spiele an, aber Kerstin verliert jedes Mal schnell die Lust. Sie hat auch keine Geduld, das große neue Puzzle zu machen, das ihr Annette geschenkt hat.

Um halb fünf versteht Kerstin dann, dass sie auch mit dem Vier-Uhr-Zug nicht gekommen ist.

Sie will in die Küche gehen und die Oma fragen, ob überhaupt noch ein Zug kommt. Da hört sie, wie Oma etwas über „Marlene" sagt, und bleibt stehen. Marlene ist ihre Mutter.

„Ich glaube, sie hat es nur vergessen", sagt Oma. „Trotzdem habe ich eine Mordswut auf sie."

Annettes Mutter antwortet etwas, das Kerstin nicht versteht. Sie will es auch nicht verstehen. Sie geht zurück in ihr Zimmer und sieht gerade noch, wie Annettes Krabbelschwester ein Puzzleteil in den Mund steckt und zerkaut.

Kerstin fängt an zu weinen. Sie weint sehr lange, auch noch als Annette und ihre Mutter

samt Krabbelschwester wieder nach Hause gegangen sind. Oma bringt sie ins Bett, kocht ihr Tee und krault ihr den Rücken. Sie will mit Kerstin reden, aber Kerstin hält sich die Ohren zu.

Am nächsten Tag, als Kerstin aus der Schule kommt, hat sie Post. Eine Karte. Auf der Karte stehen Glückwünsche zum Geburtstag. Und dann noch ein Satz: „Ich komme irgendwann in den nächsten Wochen und bringe dir eine schöne neue Puppe mit."

„Siehst du", sagt Oma. „Sie hat dich nicht vergessen."

Kerstin legt die Karte auf den Tisch und gibt Oma einen Kuss.

„Weißt du was", sagt sie, „ich glaube, ich bin schon zu groß für Puppen."

Zwillinge

Astrid und Martina hocken abends auf Astrids Bett und reden noch über die Geschenke, die sie morgen wohl bekommen werden. Morgen, an ihrem Geburtstag. Astrid und Martina sind nämlich Zwillinge.

„Onkel Heinz bringt bestimmt wieder ein Buch für uns beide, der alte Geizkragen", sagt Astrid.

„Und von Oma bekommen wir Pullover", sagt Martina.

Astrid nickt. „Genau gleiche. Und vielleicht auch gleiche Röcke, wie an Weihnachten."

„Wie süß! Das doppelte Lottchen!", stöhnt Martina.

Astrid zieht die Knie an den Bauch. „Und Tante Rosa lädt uns am Sonntag ins Kino ein."

„Ja", sagt Martina. „Weißt du was? Mir stinkt's!"

„Was?", fragt Astrid.

„Wenn wir normale Schwestern wären, würde Tante Rosa uns beide zu deinem Geburtstag ins Kino einladen und zu meinem auch."

„Und Onkel Heinz müsste uns zwei Bücher schenken."

Martinas Stimme wird böse. „Und nie wieder würden uns fremde Leute auf der Straße einfach

über die Haare streichen und ‚ach, wie süß' sagen."

„Nur weil wir gleich aussehen", bestätigt Astrid.

„Ja", sagt Martina. Sie springt auf. „Moment", sagt sie, „ich habe eine Idee. An unserem Geburtstag schenkt Papa Mama immer einen Blumenstrauß. Okay, wir machen mit. Wir machen unseren Eltern zu unserem Geburtstag ein Geschenk. Uns nämlich." Sie holt eine Schere aus der Schublade. „Du wolltest doch immer kurze Haare haben, oder?"

Astrid starrt ihre Schwester an. Dann strahlt sie. „Los", sagt sie, „fang an. Aber wehe, du schneidest mir eine Glatze."

Und Martina schneidet Astrid die Haare kurz. Sie werden ziemlich kurz, weil Martina immer die Stufen korrigieren muss. Besonders beim Pony. Der wird eher ein Entenbürzel. Martina ist ein bisschen verlegen, als sie Papas Rasierspiegel aus dem Badezimmer bringt. Aber Astrid findet sich zum Glück sehr schön. Und weil das mit dem Schneiden so gut klappt, holen sie ihre Jeans. Eine wird zu einer Bermuda. Und von den beiden hellblauen Sweatshirts bekommt eines kurze Ärmel.

Zufrieden legen sich Martina und Astrid ins Bett. Sie haben ein Problem gelöst.

Am nächsten Morgen schreit ihre Mutter entsetzt auf, als zwei Kinder zu ihr in die Küche kommen. Zwei Kinder, keine Zwillinge mehr. Wenigstens nicht mehr die Zwillinge von gestern.

„Wir haben die Nase voll", sagt Astrid.

„Nein", sagt Martina. „Astrid hat die Nase voll, und ich habe die Nase voll. Jede für sich."

Die Mutter starrt sie immer noch an und sagt nichts.

„Wir wollen nicht immer alles gemeinsam haben. Auch mit dem Geburtstag hätten wir es lieber anders", sagt Astrid. „Ich habe heute Geburtstag. Martina erst in zehn Tagen. Weil sie zehn Minuten jünger ist als ich."

Martina wirft Astrid einen Blick zu und pfeift bewundernd. Beide sind glücklich. Jede für sich allein und beide ein bisschen zusammen.

Das Auto

„Ich kann dir keine fünfzig Mark für ein Geburtstagsgeschenk geben", sagt Daniels Mutter und klatscht die Suppe so heftig in den Teller, dass sie fast überschwappt. „Wie stellst du dir das denn vor? Außerdem finde ich das wirklich übertrieben."

„Aber Jan wünscht sich ein Auto", sagt Daniel unglücklich. „Ich weiß es genau."

„Na und?", sagt die Mutter. „Jan muss begreifen, dass nicht alle Leute so viel Geld haben wie seine Eltern. Du könntest ihm Schokolade schenken. Oder sogar etwas von deinen Sachen."

„Du verstehst es nicht!" Daniel fängt an zu weinen. „Nie verstehst du was."

„Hör auf zu weinen", sagt seine Mutter.

„Ich kann's nicht ändern", sagt Daniel. „Es weint von alleine."

Er taucht den Löffel in die Suppe und verbrennt sich gleich den Mund. Jetzt hat er wenigstens einen Grund zum Weinen. Er knallt den Löffel auf den Tisch und rennt in sein Zimmer. Dort wirft er sich auf das Bett. Seine Mutter kommt ihm nach. Sie setzt sich neben ihn und streichelt ihm den Kopf. Als ob man mit Streicheln etwas ändern könnte, denkt Daniel. Laut sagt er: „Ich bin kein kleines Kind mehr, bei dem man Heile-heile-Segen macht."

Seine Mutter zieht ihre Hand weg und geht zurück in die Küche. Jetzt tut es Daniel Leid. Das Streicheln ist eigentlich ganz schön gewesen.

Daniel starrt an die Decke und wartet, dass es in ihm aufhört zu weinen.

Ich könnte mir das Auto einfach holen, denkt er. Ohne Geld. Daniel kann es sich genau vorstellen: Er zieht seinen dicken Anorak an und geht in den Laden. Die Verkäuferin fragt ihn, was er will. „Ich schaue mir die Autos an", sagt er. „Die mit Fernlenkung."

„Welches darf's denn sein?", fragt die Verkäuferin. „Vielleicht das da?" Sie greift nach einer Schachtel.

„Nein, das nicht", sagt Daniel. „Ich schaue sie mir erst mal an." Er wartet, bis ein neuer Kunde den Laden betritt. Der Kunde will eine Modelleisenbahn. Die Verkäuferin geht mit dem Kunden ins Hinterzimmer, wo die Eisenbahnen stehen. Daniel schnappt das Auto, schiebt es unter seinen Anorak und rennt los. Und dann?

Entweder: Jan freut sich sehr. „Dass du mir dieses wunderschöne Auto geschenkt hast", sagt er. „Prima."

„Das ist doch viel zu teuer", sagt Jans Mutter. „Wo hast du denn das Geld her?"

Nein, denkt Daniel, das ist kein schöner Schluss von der Geschichte.

Oder: Die Verkäuferin rennt Daniel nach. „Polizei!", schreit sie ganz laut. „Haltet den Dieb!"

Die Polizei kommt, und Frau Müller aus dem dritten Stock sagt: „Ich hab's ja immer gesagt, aus dem Jungen wird nix."

Dieser Schluss ist noch viel schlimmer.

Oder: Jan sagt „Danke" und legt das Auto zur Seite. Er kriegt sowieso immer so viele Geschenke.

Auf ein Auto mehr oder weniger kommt es da nicht an. Außerdem hätte er lieber ein anderes Modell gehabt.

Diesen Schluss will ich auch nicht, denkt Daniel.

Oder: Alles klappt problemlos, aber Daniel hat hinterher nur Bauchweh.

Immer nur Bauchweh.

Sogar jetzt tut ihm der Bauch schon weh. Und schlecht ist ihm auch. Er steht auf und geht in die Küche.

„Mama", sagt er, „mir ist was eingefallen. Mein Würfelspiel mit der Räuberbande. Das hast du doch selbst gemalt. Meinst du, ich könnte es abmalen?"

„Bestimmt", sagt seine Mutter. „Soll ich dir dabei helfen?"

Lesehits in Broschur!

Loewe